"Lo peor de morir, es que muera nuestro deseo de seguir mientras vivimos".

Pastor Jeremiah Jimenez

ISBN-13: 9781798789490

AGRADECIMIENTOS

Pastor Jeremiah Jimenez:

Quiero agradecer desde lo más profundo de mi corazón, en primer lugar, al Espíritu de Dios, ya que sin él no tendría la inspiración para poder redactar este poderoso libro. En segundo lugar, a mi esposa Natalie Jiménez, por su apoyo incondicional en todos los proyectos que he emprendido —uno de ellos, el poder escribir este libro—. Por igual, a los hermanos miembros de la iglesia que me honro en pastorear (la iglesia El Reino de Jesús, de la ciudad de Greensboro, Carolina del Norte), por sus colaboraciones y apoyo para que esta meta sea una realidad. A todos aquellos que, de alguna u otra manera, fueron parte de este viaje sobre páginas, ¡muchas gracias!

ÍNDICE

Introducción ……….. página 7

Capítulo 1. El desánimo ………… página 9

Capítulo 2. Ana y el desánimo ………… página 13

Capítulo 3. Jeremías se enfrenta al desánimo … Página 18

Capítulo 4. Un Pedro desanimado ………… Página 24

Capítulo 5. Cambiando mi manera de hablar … Página 29

Capítulo 6. El dominio propio vence el desánimo.. Pág. 33

Capítulo 7. La espera ha sido larga ………… Página 39

Capítulo 8. Una viuda que superó el desánimo … Página 44

Introducción

En la Biblia se describen tantas cosas extraordinarias e inspiradoras sobre Elías que se hace un poco difícil entender su final.

Un hombre con una autoridad sorprendente, un profeta envidiable, ejemplo de poder: parecía ser indetenible. Un profeta que impactó a los otros profetas contemporáneos. El meteorólogo de su época: anunciando sequías y grandes lluvias, controlando los elementos naturales. Venció a cuatrocientos cincuenta profetas en un solo día, pero fue aterrorizado por tan solo una mujer. ¿Qué le paso en realidad a Elías?

Frente al peligro, el temperamental huye, no evalúa, no da espacio a la fe. En el monte, un valiente Elías desafía a muchos profetas, pero viene una mujer y lo hace huir. Valiente en la cumbre, pero cobarde en el valle. ¿Qué representa este monte para Elías? Lo único que sabe manejar —el monte de Dios, el monte del éxito— representa poder y gloria. Fuera de ahí, Elías no puede vivir. Necesita estar en la cumbre porque es incapaz de vivir en el valle. El profeta vive el triunfo con mucha pasión, pero el peligro también.

«desánimo», que es enemigo mortal de cualquier ministro exitoso, hombre y mujer de Dios o creyente en general. De allí nuestro interés por profundizar en el desánimo, sus efectos y cómo vencerlo.

Partiendo de esta enseñanza, podemos tener claro que se puede tener autoridad, poder divino, éxitos o ser un hombre o mujer de Dios con un ministerio impactante, y al mismo tiempo tener que enfrentar el desánimo.

Quiero, junto a usted, navegar por las Escrituras y analizar aquellos grandes de la Biblia que enfrentaron el desánimo y sus efectos.

Capítulo 1. El Desánimo

El desánimo:

Anima ('respiración, principio vital, vida')

La palabra *desánimo* está formada por dos raíces latinas y significa 'falta de ánimo'. Sus componentes léxicos son el prefijo *dis-* ('divergencia, separación múltiple', por lo que el sufijo *des-* supone la negación del significado que modifica) y *anima* ('respiración, principio vital, vida'). *Desánimo* significa, por consiguiente, 'sin respiración, sin aliento, sin vida'.

Así se encontraba el ser humano antes de recibir el aliento de Dios. El desánimo es estar falto de una intervención divina o del soplo de Dios: estar sin movimiento.

Formación del hombre

Está claro que el ser humano fue formado del polvo de la tierra. Estaba hecho, pero no tenía aliento de vida. Era como un simple muñeco de barro, sin movimiento, o más bien «desanimado», sin ánimo.

Jesús sopla sobre sus discípulos

El desánimo produce miedo y roba la paz. Cuando Jesús se le aparece a sus discípulos, después de haber resucitado y estando las puertas cerradas, ellos estaban desanimados, «sin paz y con miedo», según Juan 20, 19. Jesús produjo en ellos regocijo.

Es interesante la señal que nuestro Cristo hizo al soplar sobre ellos. En ese momento les estaba recordando cómo se encontraba el hombre cuando fue formado y luego Dios sopló y le dio movimiento y vida.

Al Jesús soplar, dice la Biblia, les dio el Espíritu Santo, es decir, que lo mejor para vencer el desánimo es la presencia de Dios. Por el contrario, el desánimo te aleja de su presencia.

Saúl también era víctima constante del desánimo, ya que no contaba más con el Espíritu Santo: se había alejado de él por su pecado y desobediencia.

Efectos del desánimo

El desánimo te paraliza, te quita el movimiento. No quieres hacer nada. Lo que antes te apasionaba no te produce deseo. Dejas de luchar por tus sueños y solo sueñas despierto, pero sin movimiento. El desánimo te convierte en inconstante, te lleva a dejar los proyectos a medias.

Elías no había terminado su misión por causa del desánimo cuando tuvo que sustituirlo Eliseo. El mensaje de Dios a Elías, al despertarlo el ángel de un toque, fue claro: «Largo camino te resta», pero Elías no tenía el estado de ánimo correcto para asimilar esas palabras. Dios siempre estará animándonos a seguir gracias a su gran amor, pero nosotros debemos corresponder a su toque y llamado.

El desánimo produce una sensación similar a cuando tienes un gran proyecto, pero no tienes las finanzas para lograrlo. Te hace sentir impotente. Te lleva a pensar que ya has hecho todo lo posible por alcanzar tus metas, y que no lograrás cambiar nada.

Elías pensó en todos sus momentos de gloria, como cuando cayó fuego del cielo, o cuando hubo sequía y grandes lluvias milagrosas y, sin embargo, no había logrado cambiar el corazón del pueblo. El desánimo no te permite ver aquellos pequeños logros que traerán los grandes resultados, porque nuestra mente solo se enfoca en lo negativo.

El desánimo te roba el entusiasmo. El entusiasmo es un sentimiento intenso de exaltación del ánimo producido por la admiración apasionada hacia alguien o algo, que se manifiesta en la manera de hablar o de actuar, y se considera una inspiración divina.

Me llama mucho la atención el significado etimológico de *entusiasmo*. El sustantivo *entusiasmo* procede del griego *enthousiasmós,* que viene a significar etimológicamente algo así como 'posesión divina'. En efecto, el sustantivo griego está formado por la preposición *en* y el sustantivo *theós*, 'dios', significando 'tener a Dios por dentro'.

El desánimo paralizó a Elías. Otro de los efectos es que también roba el apetito. Elías, Ana y Saúl perdieron el apetito por causa del desánimo.

Capítulo 2. Ana y el desánimo

El desánimo muchas veces se refleja en el rostro. Ana lo superó y eso lo podemos ver en 1 Samuel 1, 18, donde dice que no estuvo más triste.

Otro factor o causa de desánimo son las palabras negativas que provienen de los demás. Esto fue lo que tuvo que enfrentar Ana. Lo fuerte de esas voces que afectaron su corazón y su estado de ánimo fue que venían de su propia casa. Tenía esa lucha diaria.

Ana estaba consciente de que el problema de esterilidad radicaba en sí misma, ya que ella y Penina estaban con el mismo hombre, pero una quedaba embarazada y la otra no. Aquí hay algo que me gustaría resaltar. Hay momentos en que tú realizarás lo mismo que a otros les ha dado resultado, pero sin que te dé resultado a ti. Sentirás un sentimiento de impotencia y culpabilidad. Te estarás acusando, ya que sabrás que el problema está en ti.

Imagino a Ana pensando: «Lo he hecho justamente como Penina lo hace. Vivimos en el mismo hogar, tenemos el mismo marido, comemos lo mismo y recibimos los mismos nutrientes. ¿Por qué ella produce hijos y yo no?

El desánimo te lleva a pensar que todo el mundo es mejor que tú. Quiero recordar la expresión de Elías, en su momento depresivo, cuando dijo: «No soy yo mejor que mis padres». Así mismo, el desánimo llevaba a Ana a pensar que el reto estaba por encima de su capacidad, y se sentía vacía por dentro.

La Biblia nos manda tener un concepto balanceado de nosotros mismos. Las Sagradas Escrituras, en Romanos 12, 3, dice: «Digo, pues, por la gracia que me es dada, a cada cual que está entre vosotros, que no tenga más alto concepto de sí que el que debe tener, sino que piense de sí con cordura, conforme a la medida de fe que Dios repartió a cada uno». La frase clave en este verso es «el que debe tener». A esto le llamo concepto balanceado de sí mismo.

Tener un concepto tan alto de ti que menosprecies a los demás no es correcto, y tener un concepto muy negativo de ti (autoestima baja) tampoco es correcto, ya que el desánimo a veces se viste de una aparente pero falsa humildad.

Hay muchas personas que, por tener una autoestima baja, se limitan tratando de alcanzar grandes metas. Es necesario siempre recordar que todo lo que hagamos, sea pequeño o grande, lo debemos hacer con amor para el Señor.

Retomando la idea anterior, una de las causas principales que afectó el estado de ánimo de Ana fue enfocarse demasiado en los logros de Penina, y con una óptica de comparación. Tenemos que mirar los triunfos de los demás como inspiración o motivación, y no como reto o competencia, ya que esta actitud nos puede llevar al desánimo, porque vemos que hemos hecho lo mismo que otros hacen esforzándonos tanto, y no hemos alcanzado los mismos resultados.

Algo que se menciona en esta historia, y que llamó mucho mi atención, es «rival». Así veía Ana a Penina, a pesar de que vivían en la misma casa y compartían el mismo marido. No podemos ver como rivales a nuestros hermanos, puesto que vivimos en el mismo reino y compartimos el mismo Dios y Evangelio. La palabra *rival* significa 'persona que compite con otros que aspiran a un mismo objetivo o a la superioridad en algo'. Esto nos lleva a hacer las cosas no de corazón o para Dios, sino únicamente por alcanzar o superar a los demás.

Ana venció su desánimo yendo al altar, estando en la presencia de Dios, buscando el hálito de vida que le diera movimiento, restaurando su vida de adoración y devoción a Dios.

Quisiera resaltar un punto muy importante que el Espíritu de Dios iluminó en mi vida con esta historia. El desánimo nos lleva a contestar negativamente. Es como si afectara nuestra manera de hablar. Nos torna el lenguaje en ofensivo y descortés. Incluso nos puede llevar a ofender con palabras a aquellos que amamos o a aquellos que solo nos quieren ayudar.

Cuando estás en la presencia de Dios, te puede ofender aun la persona más influyente, y no te va a afectar. El sacerdote Eli era la persona que, se supone, tenía que darle ánimo a Ana, pero hizo todo lo contrario: le dijo «borracha» e «impía», pero ya el Espíritu Santo había llenado ese vacío en ella. ¡Gloria a Dios por el Espíritu Santo!

La respuesta de Ana al sacerdote fue la de una mujer que estaba llena de sabiduría e inspiración del Espíritu Santo, y me impresiona la manera como le contesta diciéndole: «No, señor mío, soy una mujer atribulada de espíritu». Le llamó señor. Eso es una evidencia de que ella ya estaba en sanidad, y se podía notar en su forma de hablar. Fue la misma Ana que en versículos anteriores le contestó a su marido: «Dame hijos o me muero». A veces, sin darnos cuenta, nuestra manera de hablar puede ser producto del desánimo provocado por una frustración. Dejemos que el Espíritu de Dios sane nuestras heridas.

Capítulo 3. Jeremías se enfrenta al desánimo

El profeta Jeremías, así como muchos, sintió el deseo de no seguir, pero había un fuego en su corazón. El Espíritu Santo, como mejor remedio del desánimo, fortaleció a su profeta.

En este capítulo aprenderemos que el éxito tiene un sabor agridulce. Es como una mezcla de pequeños triunfos y pequeños fracasos, que a la vez forjan el camino que nos llevará a la grande y gloriosa victoria.

Creo que a todos nos gustaría poseer ese don extraordinario que tenía el profeta Jeremías, no tan solo de ver el futuro, sino de poder alterarlo. Jeremías se convirtió en una especie de brújula que, en una noche oscura y nublada, puede indicar el camino. Pero lo que se supone que debía ser un privilegio se transformó en una carga, ya que decía que hablar de parte de Dios se le había convertido en eso.

Este punto es muy importante porque aquí descubrirás otra causa fulminante que nos lleva al desánimo: cuando aquello que al principio pensabas que sería un gozo, se convierte en una carga muy pesada. Es como cuando sueñas toda tu vida con tener una casa propia, pero después de que la tienes, no soportas los biles y lo que cuesta mantenerla.

He aprendido que lo que hace rica una comida es el hambre y el deseo con el que te la comes. Aprender a disfrutar lo que hacemos es vital, no tan solo para llegar al éxito, sino también para poder permanecer en él.

Alguien dijo: «Haz lo que amas y nunca tendrás que trabajar un día de tu vida», debido a que, cuando haces las cosas con amor, ya no es un trabajo, sino un deleite: aprendes a disfrutar lo que haces. Servir a Dios es un privilegio, y es algo que se debe apreciar y nunca verlo como una carga.

Uno de los principios más poderosos en la Biblia para ver los deseos de nuestro corazón cumplidos su encuentra en Salmos 37, 4, y dice: «Deléitate asimismo en Jehová, y él te concederá las peticiones de tu corazón».

La palabra *deleite* procede del verbo *deleitar*, y significa 'placer del ánimo'. Aquello que produce deleite genera satisfacción, goce, agrado o dicha. Esto nos da a entender que cuando perdemos el deleite de lo que hacemos, damos lugar al desánimo, debido a que el deleite alimenta directamente el ánimo.

El deleite no es en sí lo que hacemos, sino esa sensación de agrado por lo que se hace. Cuando perdemos ese gozo por lo que hacemos, debe interpretarse como una señal de peligro, que nos indica que debemos reforzar las causas por las que iniciamos. Un sabio dijo: «Cuando pienses en rendirte, acuérdate de la razón por la que comenzaste».

Por eso Dios siempre hablaba con su profeta para animarlo, haciéndole saber que no estaba solo, que todo lo que él estaba hablando y estaba pasando valía la pena, que todo era parte del propósito.

Hoy quisiera con estas palabras hacerte recordar, e impregnar en tu corazón, que todo lo que aparentemente se ve negativo en el camino no es tiempo desperdiciado, sino que es parte vital y pieza clave para el éxito.

Cuando aprendamos a disfrutar, amar y deleitarnos con lo que hacemos, nos daremos cuenta —una vez que lleguemos a la meta— de que el trayecto fue más glorioso y excitante que la llegada. Es por eso que después de que nuestros hijos son adultos, desearíamos verlos como niños otra vez, para reír con sus travesuras y alegrarnos con sus pequeñas y divertidas ocurrencias.

Hoy Dios te dice:

—Disfruta todo lo que vivas en Cristo, ya que el camino de Dios es perfecto, y sus bendiciones nunca traen consigo tristeza.

Hoy puedo decir como el salmista David: «Hacer tu voluntad, ¡oh, Dios!, me ha agradado».

Un punto muy poderoso en la historia de este extraordinario, melancólico y obediente profeta es que, en su momento más difícil, Dios le enseñó a hacer sus mejores inversiones en tiempos de crisis.

El profeta Jeremías había profetizado de parte de Dios la destrucción de Jerusalén, la cual aconteció, pero lo impactante es que después de que él se quedó solo, en una ciudad aparentemente sin futuro, Dios le dijo que tomara lo único que tenía y comprara un terreno. ¿Comprar en un tiempo de desolación?

A través de la historia me di cuenta de que nuestro Dios es un experto en economía. Aun los inversionistas de hoy en día saben que el mejor momento para invertir es después de una crisis, debido a que todo se devalúa y es más barato comprar. Está comprobado, en Estados Unidos, que el mejor tiempo para comprar casas es el de la crisis.

Cuando vivía en Lawrence, Massachusetts, siempre escuché la historia de una gran crisis que azotó al estado, y que muchas personas aprovecharon para comprar sus propiedades. Escuché de personas que compraron edificios por tan solo un dólar. Estaban abandonados y la gente quería que alguien los pusiera a funcionar, y de esta manera sacar la ciudad de la crisis en la cual se encontraba. Lo impresionante es que ahora esos edificios valen millones de dólares, y son posesión de alguien que entendió que las crisis son el mejor momento para invertir.

Muchas personas suelen frustrarse en tiempos difíciles, pero Dios nos enseña en sus palabras a ver los momentos adversos como oportunidades de éxito.

José, con la sabiduría de Dios, llevó a Egipto a su máximo nivel de riqueza de aquel entonces, no en el tiempo de las vacas gordas, sino en el tiempo de las vacas flacas, es decir, en el tiempo de la crisis.

La Biblia enseña que cuando Egipto vivía en su tiempo de abundancia, José guardó trigo para el tiempo difícil que se avecinaba, no tan solo para tener que comer, sino para comercializar, ya que vendrían de todas partes a comprar alimento en Egipto. En los momentos contrarios no te rindas. Más bien inspira tus mejores ideas en Dios, y verás que lo que se suponía que debía ser amargo será tu mejor temporada.

Superar el desánimo nos lleva a ver oportunidades en tiempos donde nadie las ve. Por el contrario, no superarlo nos lleva a considerar solo lo negativo del momento. A veces nos enfocamos tanto en las puertas cerradas que no logramos reconocer aquellas que Dios ha abierto para que caminemos por ellas.

Capítulo 4. Un Pedro desanimado

En este capítulo veremos unas de las causas más comunes de desánimo: «no ver resultados» después de habernos esforzado en algo.

En Lucas 5, 2-3, leemos una frase sumamente desconcertante para un pescador: «Lavaban sus redes». La primera pregunta que vendría a nuestras mentes sería: ¿qué tiene de malo lavar las redes? Se podría entender mejor si tuviésemos la oportunidad de ver el rostro de Pedro aquella mañana, después de haber durado toda una noche sin capturar tan solo un pez. Ahora regresa a la orilla, sin ninguna recompensa por su esfuerzo. Termina la noche frustrante, pero aún su tedioso trabajo no ha terminado: tiene que lavar las redes vacías, pero ¿de qué las iba a lavar? Solo de suciedad y desperdicios recogidos en el mar.

¿Te has visto alguna vez con tus redes en las manos, teniendo que limpiarlas porque atrapaste nada? Mientras las limpias, vienen las preguntas que invaden tu mente: ¿qué hice mal?, ¿ya perdí la gracia de pescar?, ¿ya no sé cómo hacerlo?, ¿Dios me ha abandonado? Lo doloroso no son las preguntas, sino la falta de respuestas, de esas respuestas que expliquen por qué estás viviendo una amarga experiencia, por lo menos para sentir un leve alivio.

Quisiéramos señalar que a muchos esta situación los ha herido tan profundamente que han dado a luz un desánimo tal que ni siquiera pueden lavar sus redes. Solo se piensa en lo negativo. Viendo el lado positivo de lavarlas, puede entenderse que la volveremos a usar, que lo intentaremos de nuevo, que no nos vamos a rendir, que habrá otras noches, que todavía la red es utilizable durante otra noche de aventuras. Es tiempo de que laves tus redes de todo aquello que te está impidiendo volver a intentarlo. Pero así como vino la luz del día, aprecio en esta escena a aquel que fue capaz de levantarse de cualquier circunstancia de desánimo o desaliento: Jesús, creador de todo el universo.

Creo que era un reto decirle a Pedro que bogara de nuevo mar adentro. Imagino que una de las causas por las que Jesús hizo la pregunta inusual a Pedro fue porque estaba lavando sus redes, dando a entender dos cosas: «¡se acabó todo por hoy!» o «¡la dejará lista para el próximo intento!». Jesús tomó el lado positivo de la situación, la mejor oportunidad para darle un ejemplo de vida a su querido Pedro. Eso nos enseña que nunca debemos rendirnos, que los fracasos no nos deben hundir junto con nuestros sueños y metas.

Así como la luz radiante del nuevo día esfuma la noche, así Jesús llega a nuestras vidas para opacar todos los fracasos y toda la frustración que nos estancan en el dolor y la decepción.

La decepción es una de las causas del desánimo. Uno de los significados de la palabra *decepción* es el 'pesar provocado por un resultado no esperado': un sentimiento de insatisfacción que surge cuando no se cumplen las expectativas sobre un deseo o una persona. Se forma de unir dos emociones primarias: la sorpresa y la pena. La decepción, si perdura, es un desencadenante de la frustración y, más adelante, de la depresión. Es una fuente de estrés psicológico.

No existe nada más gratificante que triunfar en el mismo lugar donde fracasaste, pero solo se puede lograr volviendo a intentarlo. Fue lo que Jesús le quiso enseñar a Pedro. La diferencia entre las dos pescas es que en el primer intento, Pedro fue sin Jesús, y en el segundo, Jesús era el capitán de su barca. Permite que Jesús te lleve a donde él quiera llevarte, aunque eso implique tener que regresar al lugar de tus miedos, de tu frustración, o al lugar del que solo tienes malos recuerdos. Con Cristo en nuestras vidas, todo es diferente.

Esto nos enseña que nunca debemos botar nuestras redes a pesar de que estén vacías. Mantenernos positivos es muy importante para ser exitosos.

Una de las cosas que he aprendido acerca del comportamiento del ser humano es que no es tan solo el fracaso lo que nos da miedo, sino el enfrentar los comentarios de los demás cuando fracasamos. Como seres humanos, nos acostumbramos a sentirnos bien cuando los demás hablan con admiración acerca de nosotros. Pero muchas veces no sabemos cómo manejar los comentarios de acusación y el dedo señalador que siempre está ahí después de un intento fallido.

Una de las posturas que solemos tomar es bajar la cabeza para no ver los rostros de los demás. Quizás porque podrían reírse o utilizar nuestro fracaso y dolor como película de entretenimiento. Pero quisiera, con la ayuda del Espíritu Santo, cambiar esa perspectiva, ya que no todos pensarán mal acerca de la situación difícil que estamos atravesando.

Imagino ver a otros pescadores y a una gran multitud en la orilla, ya que Jesús se encontraba ahí, viendo regresar a un Pedro frustrado. Precisamente, Jesús tomó a Pedro como centro de atención para manifestar un poderoso verso bíblico que dice: «Lo vil y menospreciado tomó Dios para avergonzar a los sabios». Dios pone un mayor interés en nosotros cuando estamos pasando un mal momento.

Es muy importante entender que si no tenemos un buen y saludable concepto de nosotros mismos, nos veremos obligados a tener que depender del concepto de los demás.

Jesús le enseñaba a Pedro que, sin importar lo que sucediera, siempre sería importante. El mismo Cristo estaba convencido de su función en la tierra. Enfrentó críticas y desprecios hacia su persona, pero mantuvo una mente clara respecto de sus metas y objetivos y de lo que su Padre celestial pensaba de él: que era su hijo amado y que nunca estaría solo.

El éxito es como los dos filos de una espada: por un lado despierta admiración e inspiración, y por otro lado nos convierte en objeto de críticas. Los errores son más notables y están más expuestos. Tenemos que estar dispuestos a transitar por un camino minado, pero con la pisada firme, sabiendo que con la ayuda de Dios, lo lograremos.

Capítulo 5. Cambiando mi manera de hablar

¿Puede mi manera de hablar afectar mi estado de ánimo? Eso lo veremos en este capítulo.

A fin de poder explicar esta poderosa enseñanza —clave para superar el desánimo—, tomaré como base una historia bíblica que impactó mi vida: aquel momento cuando el pueblo de Israel estaba a punto de ver sus sueños hechos realidad, de poseer la Tierra Prometida —estaban solo a unos pasos de distancia—. ¿Dónde radica el problema aquí? En que estaban muy cerca, pero en sus mentes se sentían muy lejos. No tenían el ánimo necesario para dar un paso más. El desánimo provoca que miremos como lejos lo que está tan fácil de alcanzar, con tan solo extender la mano.

La Biblia dice que doce espías fueron a reconocer la tierra para traer un informe al pueblo, que esperaba con ansias las palabras de estos varones. Estos espías vieron cómo era la tierra, sus edificaciones, cultivos, ciudades y cómo eran los pueblos que ellos iban a enfrentar para conquistar la tierra. Aun gustaron de sus frutos y notaron que en verdad la tierra era extraordinaria, como Dios les había dicho.

Cuando regresaron para dar noticias de su incursión, había un contraste en sus opiniones: diez de ellos dieron un reporte negativo y solo dos, Josué y Caleb, dieron una impresión positiva. Dios se enojó de tal manera que, dice la Escritura, toda aquella generación pereció en el desierto y no pudieron entrar a la Tierra Prometida, simplemente por la forma en que los diez espías narraron sus historias. Llegar a la determinación de sustituir toda una generación por otra, para conquistar una tierra, nos deja claro lo peligroso que puede ser un lenguaje negativo a la hora de alcanzar metas o lograr un objetivo.

El pueblo ya se sentía vencido en sus mentes. Eso convierte nuestras mentes en los más grandes campos de batalla. No pretendas ganar una guerra físicamente cuando no te ves primero como triunfador mentalmente. Las palabras que decimos se formulan en nuestras mentes: las palabras negativas reflejan una mente negativa.

Esos diez espías lograron solo con palabras negativas frustrar el avance de un pueblo que estaba a unos cuantos pasos de ver sus sueños realizados. Hay que tener en claro algo: la salud no se contagia, pero sí las enfermedades. Lo negativo se transmite mucho más rápido que lo positivo. El desánimo se alimenta de palabras negativas, y una forma eficaz de erradicarlo es teniendo una manera más positiva de hablar. Todo el que está desanimado lo reflejará en su manera de expresarse: ese es el primer indicativo.

A los soldados se les enseñan canciones de victoria y valentía, en las que todos tienen que cantar al unísono, no simplemente para enseñarles a cantar, sino para que la mente asuma la idea de que ya han ganado antes de pelear.

No permitas que el lenguaje negativo de personas que están sumidas en la depresión te afecte, sino que nuestro lenguaje positivo les ayude a ellos a salir del pozo de tristeza y frustración. Comienza a poner en práctica que tu mente analice todo lo que te suceda. Esto es parte vital del camino al éxito que has emprendido. Esa es la idea que Dios en su palabra quiere transmitirnos cuando dice: «Porque los que aman a Dios todo les obra para bien».

Toma un momento y repite estas palabras conmigo: «Todo saldrá bien. Lo voy a lograr. Dios es mi ayuda y voy a triunfar con la ayuda de Dios: nada es imposible. En Cristo soy más que vencedor».

La acumulación de pensamientos negativos puede afectar gravemente tu estado de ánimo. Hay dos citas bíblicas que debemos recordar siempre. Filipenses 4, 4-5: «Regocijaos en el Señor siempre. Otra vez les digo: ¡Regocijaos! Vuestra gentileza sea conocida por todos los hombres. El Señor está cerca».

También, en Filipenses 4, 8, se nos dice: «Por lo demás, hermanos, todo lo que es verdadero, todo lo honesto, todo lo justo, todo lo puro, todo lo amable, todo lo que es de buen nombre; si hay virtud alguna, si algo digno de alabanza, en esto pensad».

Así que no des lugar a pensamientos que el único resultado que dejarán son tristeza, frustración y desánimo.

Capítulo 6. El dominio propio vence al desánimo

En la Biblia se menciona varias veces el dominio propio, pero a veces no nos damos cuenta de su enorme utilidad y beneficio. Para poder entender este término bíblico, me gustaría citar algunos versículos que se encuentran en la palabra de Dios.

«Como ciudad sin defensa y sin murallas es quien no sabe dominarse». Proverbios 25, 28.

«Pues Dios no nos ha dado un espíritu de timidez, sino de poder, de amor y de dominio propio». 2 Timoteo 1, 7.

«Más vale ser paciente que valiente; más vale dominarse a sí mismo que conquistar ciudades». Proverbios 16, 32.

«En cambio, el fruto del Espíritu es amor, alegría, paz, paciencia, amabilidad, bondad, fidelidad, humildad y dominio propio. No hay ley que condene estas cosas». Gálatas 5, 22-23.

Habiendo repasado estos versos, nos damos cuenta del valor incalculable del «dominio propio». El desánimo muchas veces nos sume en una lucha interminable contra nuestros semejantes, cuando la guerra que en verdad debemos ganar es contra nosotros mismos. Constantemente luchamos contra pensamientos, sentimientos y emociones que nos dominan.

Los boxeadores deben crear una disciplina personal para calificar en la pelea: ajustan su dieta, sus hábitos y estilo de vida a la meta por alcanzar, que es ganar la pelea teniendo un buen rendimiento físico. Tienen que abstenerse de alimentos agradables al paladar. De esta forma, les enseñan a su mente a no hacer las cosas por deleite, sino por entendimiento. Comen lo que se debe y a la hora correspondiente, llevando así un balance en su vida diaria.

El desánimo te lleva a confundir esas prioridades, provocando no comer nada o comer demasiado, sin medir consecuencias. Hay personas a las que el desánimo y la ansiedad las han llevado a tener un descontrol en su dieta alimenticia. Es por eso que el dominio propio te permite controlar lo que está adentro para poder dominar lo que está afuera.

Dominar lo de adentro es saber manejar nuestros pensamientos, emociones y sentimientos.

Ese primer versículo que citamos nos enseña que no tener dominio propio es como no tener defensas en una ciudad. Cualquier persona o cosa nos pueden dañar, aún nuestros propios pensamientos. La mayoría de las personas no logran manejar las palabras ofensivas que destruyen tanto, ya que se enfocan en quien les está ofendiendo y no en ellos mismos.

Cuando alguien me ofende, sea de hecho o de palabra, trato de dominar en mí el impulso que quiere hacerme reaccionar bruscamente, y con la ayuda de Dios me mantengo enfocado en las prioridades. El gesto de ofrecer la otra mejilla es simplemente para dar a entender esto: «tira otro golpe porque ese no me afectó». No podemos vencer el mal con el mal, sino con el bien, y para eso debemos tener un buen uso del dominio propio.

La clave de David cuando venció a Goliat fue dominarse a sí mismo antes de dominar al gigante. Tuvo que enfrentar el desprecio de sus hermanos, de su rey (y líder) y el menosprecio del mismo ejército a quien él estaba defendiendo. El Espíritu Santo le ayudó a no permitir que se llenara su corazón de rencor, o a no dirigir su ira a las personas equivocadas, sino que la dirigió al problema que tenía que resolver.

Si David se hubiese desanimado o desalentado por causa de las palabras negativas hacia su persona, no se le habría mencionado como el gran héroe de Israel. En la vida nos veremos enfrentando dos tipos de valores: el que nos da la gente y el que nos da nuestro amado Dios.

Las palabras negativas surten mayor efecto dependiendo de donde provienen. Las palabras ofensivas de sus hermanos eran más peligrosas que las del gigante, ya que provenían de personas que, se supone, debían brindarle apoyo, amor y ánimo. Me gustaría aclarar algo muy importante: ninguna palabra negativa puede hacernos daño, a menos que nosotros le hayamos dado cabida en nuestro corazón. Cuando una persona reacciona airosa contra algo que se le dijo es porque lo está creyendo y lo está anidando en su corazón.

Tener una buena comunión con Dios y su palabra nos ayuda a estar firme ante cualquier ofensa o descalificación que enfrentemos, ya que nos ayuda a comprende que los pensamientos de Dios para con nosotros son de bien y no de mal. Cuando hacemos la voluntad de Dios, una de las más grandes promesas que recibimos es que él estará con nosotros hasta el fin. Si comprendes eso, nunca te sentirás solo, y sabrás que sus pisadas siempre irán junto a las tuyas, como las de un buen amigo y fiel compañero de vida. Nunca me cansaré de darle gracias al maravilloso Espíritu Santo por su amada compañía todos estos años.

Hay una ilustrativa anécdota sobre el dominio propio que dice así:

El carpintero que había contratado para ayudarme a reparar mi vieja granja acababa de finalizar un primer día de trabajo muy duro. Su cortadora eléctrica se había dañado y le había hecho perder una hora de trabajo. Y ahora su antiguo camión se negaba a arrancar.

Mientras lo llevaba a su casa, permaneció en silencio. Una vez que llegamos, me invitó a conocer a su familia. Mientras nos dirigíamos a la puerta, se detuvo brevemente frente a un pequeño árbol, tocando las puntas de las ramas con ambas manos.

Al entrar en su casa, ocurrió una sorprendente transformación: su bronceada cara sonreía plenamente, abrazó a sus dos pequeños hijos y le dio un beso a su esposa. Posteriormente me acompañó hasta el auto.

Cuando pasamos cerca del árbol, sentí curiosidad y le pregunté acerca de lo visto cuando entrábamos.

—Ese es mi árbol de los problemas —contestó—. Sé que no puedo evitar tener problemas en el trabajo, pero hay algo que es seguro: los problemas no pertenecen a mi casa, ni a mi esposa, ni a mis hijos. Así que simplemente los cuelgo en el árbol, cada noche cuando llego. Luego, por la mañana, los recojo otra vez. Lo divertido es —dijo sonriendo— que cuando salgo a recogerlos por la mañana, ni remotamente encuentro tantos como los que recuerdo haber dejado la noche anterior.

Si tiene solución, ¿para qué te vas a hacer un problema? Y si no tiene solución, ¿para qué te vas a hacer un problema? Hoy te invito a ser positivo, a enfrentar los mismos problemas, pero con una actitud diferente, sabiendo que Dios siempre estará ahí para ayudarnos. Y esto incluye usar los mismos problemas para hacernos mejores personas y mejores cristianos.

Capítulo 7. La espera ha sido larga

Aquí hablaremos de la importancia de la paciencia, una palabra muy escasa en este tiempo tan acelerado.

Creo que a la mayoría nos ha tocado esperar largamente en la sala de emergencias de un hospital, y solo una cosa nos permite hacerlo: el dolor o la molestia que nos ha llevado allí. Al instante de llegar, se nos llama «pacientes», ya que saben que estaremos ahí hasta que seamos atendidos.

Una de las vías para aprender a ser pacientes es a través de momentos difíciles, porque, a pesar del dolor, aprendemos a poner prioridades como lo es nuestra salud. Suena un poco irónico, pero el dolor nos hace más fuertes.

Está comprobado que cuando un hueso es expuesto a mucho ejercicio o movimiento, se pone más duro debido a que el cuerpo envía más proteína a esa área, porque entiende que la necesita. Cuando Dios nos expone a ciertas pruebas, es porque quiere hacernos más fuertes que antes.

Pero hemos comprendido que no existe una prueba tan grande como lidiar con el tiempo. Hay dos formas de esperar que pudieran confundirse una con la otra, como veremos más adelante. El salmista David era experimentado en esta materia, ya que tuvo que esperar entre catorce y dieciocho años aproximadamente para ser rey, después de que fue ungido, y conforme a esa experiencia se inspiró para componer el salmo 40, 1, que dice: «Pacientemente esperé a Jehová, y se inclinó a mí, y oyó mi clamor».

Lo poderoso de este versículo es que nos revela la forma correcta de esperar: con paciencia, «pacientemente esperé». Esto da a entender que se puede esperar con desesperación. Es como cuando en New York alguien está esperando el tren y ya va tarde a su trabajo: está esperando el tren, pero al mismo tiempo está desesperado porque el tren no ha llegado, a pesar que hay una pantalla que indica cuántos minutos faltan para que el próximo transporte sobre rieles arribe a su parada.

Todo está en el modo como nuestras mentes enfrentan el tiempo o la espera. Sabemos que hay muchas cosas que requieren de tiempo para producirse o desarrollarse. Debemos esperar de la misma forma que el agricultor espera su cosecha. Este prepara su terrero, haciendo lo necesario y lo que está a su alcance. Luego, como sabe que no hay nada más que hacer, se sienta a esperar.

La clave es mandarle a tu mente la señal de que ya has hecho todo lo que te correspondía hacer, y que ahora Dios, a través del tiempo, hará el resto. El desánimo provoca que no quieras hacer nada porque piensas que la espera será larga. Cuando sabes que has hecho todo lo que debías hacer, la espera tiene un sentimiento de entusiasmo. Sabes que, aunque tarde, el fruto vendrá y la recompensa la verás. Nunca desistas de una meta por causa del tiempo que tardarás en alcanzarla, ya que si no lo intentas, de todos modos el tiempo pasará.

La desesperación es otra peligrosa causa de desánimo. Los corredores de largas distancias, por ejemplo, saben que el secreto está en comenzar la carrera con calma y paciencia, pero constantes. Así guardan la mayor cantidad de energía para el tiempo correcto: la recta final.

Hay una poderosa anécdota que dice así:

Era un fuerte invierno y mi padre necesitaba leña, así que buscó un árbol muerto y lo cortó. Pero luego, en la primavera, vio que a aquel tronco marchito le brotaron renuevos. Mi padre dijo:

—Estaba seguro de que ese árbol estaba muerto. Había perdido todas las hojas en el invierno. Pero se ve que hacía tanto frío que las ramas se quebraban y caían como si no le quedara al viejo tronco ni una pizca de vida. Pero ahora puedo ver que aún alentaba la vida en aquel tronco.

Y volviéndose hacia mí, me aconsejó:

—Nunca olvides esta lección: jamás cortes un árbol en invierno. Jamás tomes una decisión negativa en tiempo adverso. Nunca te apresures a tomar importantes decisiones cuando estés en tu peor estado de ánimo. Espera. Sé paciente. La tormenta pasará. Recuerda que la primavera volverá.

Abraham y Sara son un enorme ejemplo de esta enseñanza. Se le prometió un hijo a una mujer estéril, y esperó veinticinco años antes de ver cumplido lo prometido. La espera fue tan larga que Sara no soportó más y pidió a una fértil mujer, que no procedía de su pueblo, que le diera un hijo a su marido en su lugar.

Esto le trajo mucho pesar debido a que la criada que le dio un hijo a Abraham, llamada Agar, se ensañaba contra ella, ya que sentía superioridad por causa del hijo que le había nacido. El desánimo provocado por la desesperación puede llevarnos a tomar decisiones que nos afecten gravemente, y aun dejarnos en un estado peor que aquel en que nos encontrábamos cuando solo teníamos que esperar.

Hay que entender la fidelidad infalible de Dios, que aun se va por encima de nuestra infidelidad. En 2 Timoteo 2, 13, se dice: «Si fuéremos infieles, él permanecerá fiel; él no puede negarse a sí mismo». Esto nos ayuda a combatir el desánimo causado por la larga espera. Aunque tarde, espéralo, porque sucederá en el nombre de Jesús.

Capítulo 8. Una viuda que superó el desánimo

En 2 Reyes 4, se narra que en los días del profeta Eliseo, tuvo lugar una historia acerca de una mujer viuda, historia triste al principio, pero gloriosa al final. Esto nos enseña que no importa cómo sea el comienzo. Si tenemos a Dios y un entusiasmo presto para seguir hacia adelante, veremos maravillas al final de todo.

El marido de esta mujer había muerto y le dejó algunas deudas. El acreedor, según las leyes de aquel entonces, quería tomar los dos hijos de la viuda por esclavos. Ella, tratando de no perder lo más valioso que le quedaba, fue y pidió auxilio al profeta de Dios para que le ayudara a salir de la situación, ya que el difunto era siervo de Eliseo.

La enseñanza central de este relato radica en la pregunta que le hace el siervo de Dios a aquella mujer: «¿Qué tienes en tu casa?». ¿Qué tiene que ver el desánimo con esta pregunta? Bueno, a veces y sin darnos cuenta, el desánimo nos hace enfocarnos solo en lo que los demás tienen, sin antes ver las herramientas que tenemos y que nos pueden ayudar a seguir hacia adelante.

Cuando Moisés le preguntó a Dios que cómo él iba a librar a su pueblo de Egipto, Dios también le contestó con una pregunta: «¿Qué tienes en tus manos?», y él contestó: «Una vara». Dios le había dado a entender que con esa simple vara el imperio de Egipto sería estremecido.

Es necesario entender que quien hoy es exitoso y posee muchos recursos en su comienzo tuvo que aprender a ser diligente y entusiasta con lo poco. La Biblia explica esto en un versículo que dice así: «Porque en lo poco fuiste fiel, en lo mucho te pondré». Esmerarnos en lo poco que tenemos nos ayuda a crear una disciplina para poder manejar lo mucho. Ese buen hábito no tan solo nos lleva al éxito, sino que nos ayuda a permanecer en él.

El profeta le estaba aclarando a la mujer que el desánimo oscurece nuestro entorno, y no nos permite ver que la solución a muchos de nuestros problemas está tan cerca como lo están nuestras rodillas del suelo: orar a Dios para que él nos ilumine es esencial.

La oración trae calma a nuestro espíritu, y eso nos ayuda a pensar más claramente. Fíjense que el profeta no hizo un acto milagroso en primera instancia: solo le enseñó a ella cómo ser productiva y cómo tener siempre un buen ánimo para enfrentar cualquier problema.

Es chistoso ver como muchas veces terminamos riéndonos cuando nos damos cuenta de que la solución estaba al alcance de la mano. Al instante en que ella descubrió el secreto de enfrentar con entusiasmo cualquier circunstancia, no tan solo salió del problema, sino que produjo suficiente para vivir el resto de sus días.

La actitud frente a momentos difíciles es muy importante y vital para no ahogarnos en la tristeza y frustración, y salir victoriosos con la ayuda de Dios. No permitas que el problema te haga pensar que no puedes.

La mujer buscó consejo en la persona correcta: un hombre de Dios. Ella sabía que recibiría una respuesta alentadora y satisfactoria. El peligro del desánimo radica en que uno de sus efectos es aislarnos de los demás, y eso nos impide escuchar buenos consejos y recibir claridad en nuestro momento oscuro.

Aprender a trabajar con lo que tenemos es importante para salir de cualquier apuro. Cuando ella pensaba que le hacía falta algo para continuar, Dios le preguntó: «¿Qué tienes en tu casa?». Es interesante esa pregunta, debido a que cuando tú vayas a solicitar ayuda donde alguien, la lógica sería preguntar qué te haría falta. Dios, en cambio, a través del profeta le preguntó a ella: «¿Qué tienes a la mano?», queriéndole decir: «¡Olvídate de lo que te hace falta!». Dios quiere trabajar con lo que tienes ahora, porque si sabes usar lo que tienes, podrás alcanzar lo que no tienes.

Creo que una de las enseñanzas clave que el Espíritu de Dios me ha ministrado a través de esta fascinante e instructiva historia es que nunca dejemos afectar nuestra mentalidad o actitud por el problema que estemos viviendo.

Aunque estés en crisis, nunca tengas la convicción de estar en crisis. Aunque parezca que nadie está contigo, nunca tengas la convicción de estar solo. Aunque estés en problemas, nunca tengas la convicción de estar en problemas. Si te han empujado y has caído, nunca tengas la convicción de estar derrotado. La Biblia resume esto en dos poderosas frases: «Diga el débil fuerte soy». Y también: «Todo lo puedo en Cristo que me fortalece».

La viuda, con su vasija, estaba llenando las vasijas de otros, porque Dios le estaba cambiando su mentalidad. No importa que tengas poco: le suplirás a otros.

Hoy Dios te dice:

—Aunque tengas poco, siempre ten una mentalidad de suplidor, no de necesitado.

Made in the USA
Columbia, SC
15 March 2019